NOTES HISTORIQUES

SUR LA PAROISSE

De Saint-Jean-Baptiste

DE VENTEUGES

Près SAUGUES (Haute-Loire)

L'abbé Fois FABRE

LE PUY
A. PRADES-FREYDIER IMPRIMEUR-ÉDITEUR
PLACE DU BREUIL

—

1899

Offert par l'auteur
à la Bibliothèque nationale

F. Fabre

NOTES HISTORIQUES

SUR LA PAROISSE

De Saint-Jean-Baptiste

DE VENTEUGES

Près SAUGUES (Haute-Loire)

L'abbé F^ois FABRE

LE PUY
A. PRADES-FREYDIER IMPRIMEUR-ÉDITEUR
PLACE DU BREUIL

1899

NOTES HISTORIQUES

SUR LA

PAROISSE DE SAINT-JEAN-BAPTISTE

De Venteuges, près Saugues (Haute-Loire).

Sommaire : I. Venteïols. — II. La communauté des prêtres et clercs de Venteuges. — III. Fondations faites à l'église de Venteuges. — IV. Evénements divers. — V. Venteuges après la Révolution.

I. VENTEIOLS (1)

La paroisse de Venteuges, à plus de mille mètres d'altitude, s'étend entre les paroisses de Servières, Saugues et Cubelles, et confine à la pointe extrême des cantons de Langeac et de Pinols.

Son nom, — jadis Venteïols ou Venteuïouls — semble dû à sa position sur un plateau dénudé que n'abrite ni bois ni coteau, et où les vents, de quelque côté de l'horizon qu'ils viennent, semblent souffler et s'ébattre à plaisir. Surtout aux longs mois d'hiver, quand la tourmente s'élève, la neige fouettée par la bise a bientôt fait de combler les fossés, niveler les rochers, les murs et les haies, et trans-

(1) En latin : *Ventilogium*.

former ce site en une longue plaine uniforme, tristement monotone, d'où émergent la flèche aiguë du clocher, l'église et le village entier, comme engourdis et endormis sous la blancheur aveuglante du linceul glacé qui les étreint.

Pourtant tous les villages n'ont point ce même aspect et ne sont pas à cette même altitude, et deux d'entr'eux, Meyronne et la Révolte, s'enfoncent et se perdent dans des gorges profondes, jusqu'ici difficilement accessibles, faute de chemins.

....

L'on ne sait, ni à quelle époque, ni par qui, fut fondée, sous le vocable et le patronage de Saint-Jean-Baptiste, l'église paroissiale de Venteuges.

Un historien du Gévaudan, (l'abbé Prouzet, I. p. 172-183). affirme que, vers la fin du XIIe siècle des religieux venus de la Chaise-Dieu ou de Pébrac, fondèrent dans le Haut-Gévaudan, plusieurs paroisses surtout aux environs de Salgues (Saugues) ou du Malzieu.

Ce que nous savons de positif, c'est qu'en 1298, la présentation à la cure Saint-Jean-Baptiste de Venteuges appartenait à l'abbaye bénédictine des Chazes.

A cette date, Marguerite d'Alègre, abbesse dudit monastère présente à Guillaume, (1) évêque de Mende, Vital Armand pour la cure de Venteuges, actuellement vacante par le décès du titulaire, Jean Ferri. Cette présenta-

(1) Guillaume Durand, évêque de Mende, 1296-1330.

tion était faite avec le consentement de dame Léone, prieure de Venteuges. (*Tabl. du Vel.* V. p 222. Ad. Lascombe).

Venteuges, dans l'archiprêtré de Salgues, en Gévaudan, relevait de la juridiction spirituelle de l'évêque de Mende.

Au point de vue temporel, ce lieu, englobé dans le mandement de Salgues, comme lui était sous la suzeraineté immédiate des seigneurs de Mercœur (1), et comme lui faisait partie de la province de Languedoc dont il subissait l'administration civile et judiciaire. Toutefois, au regard de la justice seulement, ce mandement, en 1554, fut détaché de la sénéchaussée de Nimes et Beaucaire, et du parlement de Toulouse pour ressortir à la sénéchaussée d'Auvergne et au Parlement de Paris. Cet état de choses subsista jusqu'à la Révolution.

Cette paroisse de Venteuges comprenait jadis (1317) les villages et les mas suivants ;

Ventéiols, Villeneuve, Salzet (Sauzet), la Bastide, Servillanges, Masset, Pontaïou, Anglards Combret, Pépinet, Lavès, Montaignac, Meyronne, le Mazel, la Révolte, Védrines, la Fagette, le Minial-Golphier (le Ménial), la Vacharesse, le Mas de Besseyrête, les mas de la Combe, la Combette, près du Minial, la Nos près Salzet, le Poiet près Venteiol et le Mas de Costeseiche, près Meyronne.

(1) La baronnie de Mercœur (plus tard érigée en duché, 1569), dont le chef-lieu était à Mercœur, près d'Ardes, en Auvergne, avait en Gévaudan deux mandements : celui de Saugues et celui du Malzieu.

Meyronne, Pépinet, la Bastide, Salzet et partie d'autres villages relevaient de la justice du seigneur de Meyronne, quoique tenus en franc-fief du seigneur de Mercœur.

C'est de ce même seigneur de Mercœur qu'était justiciable Venteuges lui-même, ainsi que la plupart des autres localités. Au-dessus de ces justices seigneuriales, et aux divers degrès de juridiction supérieure, la paroisse entière relevait des cours et parlements déjà signalés.

Que si, de ces mas, quelques-uns aujourd'hui ne se retrouvent plus, leur disparition doit être attribuée au passage fréquent et aux déprédations sans merci des Routiers, qui, après le traité de Brétigny, 1360, dévastèrent ces contrées. A l'époque du siège de Salgues, 1362, et de là jusqu'à la prise du Besset, 1380, ce mandement fut pillé sans relâche, les demeures isolées, incendiées et abandonnées ; elles ne se relevèrent plus de leurs ruines. Aussi un dénombrement fait plus tard, signalait dans une paroisse voisine (Cubelles), neuf masures entièrement détruites et délaissées.

D'après un rôle des syndics de la communauté de Saint-Médard de Salgue, la Vacharesse devait posséder à cette époque une fabrique de tuiles et de briques, car en 1367, le syndic envoie Etienne Vachon chercher à la Vacharesse, des briques pour l'usage de ladite communauté

En 1344, Cécile de Montchauvet, fille de Guillaume de Montchauvet, seigneur de Servières, et femme de noble Armand de la Fagette habitant audit lieu, dans son testament du 14 septembre énonce les clauses suivantes :

Elle veut qu'à son enterrement fait dans cette paroisse de Venteuges, soient appelés vingt prêtres, à chacun desquels il sera donné douze deniers.

Elle lègue à Jean Coste, son curé, un setier de seigle pour une fois seulement.

A chaque prêtre de la communauté de Venteuges, un carton de seigle.

A Guillaume Boysson et à Guillaume Ferri clercs, un carton, et à chacun des autres clercs de l'Eglise, un quart seulement.

A Pierre Bonil un carton.

Au luminaire et à l'œuvre (la fabrique), de ladite église de Venteuges et à chacun d'eux un carton de seigle pour une fois.

A la lampe de la chapelle de la Bienheureuse Vierge Marie de ladite Eglise un carton.

Au luminaire de la chapelle de Meyronne, un carton.

A celui de la chapelle Saint-Blaize de Ganilhon (1), à celui de la chapelle de Montpeyroux et de la chapelle de Digons un quart seulement.

Elle veut qu'au jour de sa sépulture l'on fasse moudre six setiers blé seigle pour les distribuer aux pauvres du Christ.

Elle donne à trois pauvres filles pour les aider à se marier une émine de seigle à chacune.

Elle lègue quatre sols tournois de revenu annuel à la communauté des prêtres et clercs

(1) Ganilhon, Montpeyroux et Digons sont trois hameaux peu éloignés de Venteuges, qui relevaient de l'abbaye de Pébrac.

de Venteiol, pour deux obits célébrés chaque année pour le repos de son âme, l'un, le jour de sa sépulture; l'autre le lendemain de la fête de Saint-Jean-Baptiste.

Elle lègue aux prêtres et clercs de Salgue, pour un obit le lendemain des fêtes d'âmes, trois sols.

A l'hospice de Saint-Antoine en Viennois, et à celui de Notre-Dame du Puy, une mesure de seigle.

Aux ponts de Chanteuges, de Prades, des Chazes, de Reilhac, six deniers à chacun.

Au grand luminaire de Saint-Médard, un carton.

A Astorge de la Fagette, chanoine, vingt sols.

A la prieure de Venteuges et à sa compagne, trois sols à chacune en outre des oblations faites au cimetière.

Quelques années plus tard, le 26 septembre 1382, Vidalette Cubière de Venteuges, dans son testament donnait également à la communauté des prêtres et clercs de Saint-Jean-Baptiste de Venteuges pour un obit célébré chaque année à l'intention de son âme, un florin d'or au coin de France.

Au luminaire de l'église paroissiale de Venteuges, deux sols pour une fois.

A Mathieu Vassel, curé de ladite église, une mesure de seigle.

(Archives de Saint-Méd. de Saugues, nº 272.)

Dans ce même acte la testatrice donne pour un obit annuel, un florin d'or à la communauté des prêtres de Saugues, un autre florin à la communauté de Saint-Pierre-de-Grèzes, un autre enfin aux chanoines de Pébrac.

Elle lègue encore cinq sols, pour une fois, à son seigneur le comte Dauphin d'Auvergne (seigneur de Mercœur) pour qu'il ratifie son testament

Et comme l'avait fait Cécile de Montchauvet, elle donne à l'Hospice de la Bienheureuse Vierge Marie du Puy, cinq sols, à celui de Saint-Antoine en Viennois, cinq sols aussi, à celui de Saugues douze deniers; au luminaire de l'Eglise de Beaulieu (aujourd'hui Paulhac Lozère) six deniers, et enfin six deniers à chacun des ponts de Reilhac, Chanteuges, les Chazes et Prades, situés sur les rives d'Allier.

C'était donc un usage reçu dans toutes les castes, et plus tard tombé en désuétude, de faire un legs testamentaire, si modeste qu'il fût, aux ponts actuellement existants, aux hospices en renom, comme aussi au luminaire de l'église paroissiale.

Ces modestes offrandes faites à l'église de Venteuges dans le cours des années suffisaient largement et au-delà, deux siècles plus tard, à l'entretien du luminaire. Le 27 juin 1649, Pierre Ribeyre de Combret et J. Anglade de Venteuges, bailes du luminaire, afferment à J. Freycenet de Meyronne les revenus de la luminairerie de l'Eglise St Jean-Baptiste de Venteuges, à condition qu'il fournira la cire et le luminaire nécessaires, et de plus donnera quatre livres argent pour les besoins de l'église (1).

(1) Titre de la fabrique de Venteuges. Nous devons communication de ce document et des registres paroissiaux à l'obligeance de M. Soul, curé actuel de la paroisse.

Ces deux testaments nous signalent d'une manière irréfragable l'existence à Saint-Pierre de Grèzes comme à Venteuges, d'une communauté de prêtres et de clercs.

Qu'étaient donc ces prêtres et ces clercs ?

II.

LA COMMUNAUTÉ DES PRÊTRES ET CLERCS DE VENTEUGES.

Ces prêtres formaient une de ces associations si fréquentes à cette époque, et que l'on désigne sous le nom de prêtres communalistes, succursalistes ou même simplement sociétaires. Bien qu'ils prissent le titre de communauté, leur vie n'était point commune, leur habitation non plus ; ils n'avaient en commun que l'exécution des charges imposées par les fondations, et les émoluments qui en provenaient. Rien n'a été retrouvé du règlement de celle qui nous occupe, ou du moins du coutumier qui devait régir les rapports et la situation respective de chacun de ses membres. Son existence même comme communauté ne semble pas officiellement reconnue par l'autorité diocésaine.

En effet, les procès-verbaux de visite faits par les archiprêtres en 1631 et 1650 n'en font point mention : ils s'occupent du curé, de son vicaire, et négligent ou mentionnent sans qualificatif le nom des autres prêtres de la paroisse. D'autre part, les lettres et ordonnances épiscopales sont adressées au curé seul.

Il n'en allait pas de même dans la communauté de Saint-Médard de Saugues, qui possédait son règlement depuis 1281. Les ordonnances de l'évêque s'adressaient à la communauté tout entière, tandis que ces mêmes procès-verbaux de visite dans la mention faite des autres prêtres, en outre du curé, donnent à chacun d'eux le titre de chanoines ou de collégiés.

La disparition des documents ne permet pas de reconstituer l'origine et les débuts de la communauté de Venteuges : peut être fût-elle d'abord florissante et nombreuse, mais à dater de 1550 elle ne compte plus que cinq ou six membres, et plus tard quatre seulement.

Elle était jadis composée de prêtres et de clercs, jeunes lévites aspirant au sacerdoce, et n'ayant encore que les premiers ordres de la cléricature, mais vers la fin du seizième siècle, les clercs ont disparu et ne sont plus mentionnés dans l'énumération faite par les registres de rentes et de cens.

Le service paroissial appartenait et incombait au curé et à son vicaire : toutefois on constate sur les actes de baptême et de décès, le nom de quelques-uns des prêtres de la communauté qui l'ont suppléé dans les fonctions curiales.

Les titres de rentes nous ont conservé le nom de quelques-uns de ces prêtres :

1560	Antoine Blavinhac, *sindic*,	J. Bolphinon.
	Jean Auzerand, *vicaire*,	Vit. Coudert.
	Bertrand Jouannenc,	J. Fay.

1579	Loys Amargier, *sindic*, Etienne Laurent, Laurent Roux,	J. Jouannenc. Vit. Largier.
1580	J. Boyer,	Vit. Longhon.

Et jusque vers l'an 1640 on trouve énumérés successivement :

Guill. Coston,	Estienne Meyronnenc.
J. Pélissier,	J. Paparic,
Jacq. Dupin, *vicaire*,	Michel Largier,
Jean Besson,	Pierre Pélissier,
J. Amargier,	Michel Besson,
J. Piniol,	J. Paghe.

On ne sait ni comment ils se recrutaient, ni en quel lieu ils faisaient leurs études, mais il semble à peu près certain que à l'exemple des prêtres de Saint-Médard-de-Saugues, ils se recrutaient sur place, et étaient tous originaires de la paroisse. Pour un grand nombre, le fait est prouvé par les registres, et le nom des autres se retrouve si fréquemment parmi les familles citées, que l'on peut affirmer qu'ils appartenaient à la paroisse.

A la tête de cette communauté était le curé : toutefois, pour gérer les intérês matériels, l'on nommait un syndic, qui tenait les comptes, faisait rentrer les rentes et les cens, et assignait à chacun, sa part des revenus. Ces fonctions furent longtemps occupées par Loys Amargier, et plus tard par J. Amargier qui fait la levée des cens et des fondations de 1635 à 1649. Pour ce rôle de syndic on choisissait souvent l'un des prêtres de la communauté, quelquefois le vicaire, mais plus rarement le curé lui-même.

On retrouve parmi les curés qui se sont succédé à Venteuges les noms suivants :

Jean Ferri....................	1298
Vital Armand..................	
Jean Coste....................	1344
Mathieu Vassel................	1382
....	....
Jean Besson...................	1604
Michel Besson.................	....
Jean Paghe....................	1650
Vidal Laurent.................	1672
Jean Charrade.................	1680
Germain Charrade (1)..........	1681
Gilbert Thomas (2)............	1701
François Torrent..............	1742
J. Delair.....................	1770-1790

Leur nom, comme aussi celui des pasteurs des paroisses voisines se lit souvent dans les actes de baptême où ils assistent en qualité de parrains : on y retrouve même le nom de quelques religieux, comme J. Torrent, religieux de Pébrac et prieur de Chazelles, parrain de J. Torrent de Lavès, 27 juin 1672.

Quels étaient les moyens de subsistance de cette communauté ?

Ses ressources étaient constituées, en premier lieu,par le casuel ordinaire des sépultures et des offices consécutifs ; ce casuel était variable suivant le nombre plus ou moins considérable de décès.

En second lieu, une source de revenus assurés et invariables provenait des rentes multiples et des fondations diverses faites à perpé-

(1) Jean et Germain Charrade étaient frères et originaires de Sauzet.

(2) On lit dans les registres de Cubelles : « M. Thomas, curé de Ventejol, âgé de 96 ans est décédé le 1er avril 1742 » Signé de Bénistant, curé. Ce registre de Cubelles, mentionne lorsqu'elle a lieu, la mort du curé des paroisses voisines.

tuité, qui chaque année se payaient à une époque déterminée dans le contrat.

Ces rentes constituées avaient pour cause la fondation d'une ou plusieurs messes annuelles, ou de prières liturgiques à l'intention des défunts. Elles reposaient sur diverses terres signalées dans les contrats de fondation, ou bien étaient prises à charge par les héritiers des fondateurs qui se succédaient dans la charge comme dans l'héritage.

Elles étaient faites en faveur de l'Eglise elle-même, mais suivant la teneur des actes : « au profit des prêtres qui la desservaient », de sorte que ceux-ci n'en étaient que les usufruitiers,

Tout le monde, en ces jours de foi, faisait des fondations à son lit de mort. Les nobles et les riches donnaient beaucoup, les classes inférieures donnaint plus modestement, mais tous donnaient. Dans la paroisse de Venteuges, d'après les registres, il n'est pas de famille qui n'eût sa fondation. On trouve des rentes perpétuelles de cinq sols, de dix ou quinze sols; pour une ou plusieurs messes basses, on en voit de plus considérables pour des messes en « hault » ou pour d'autres prières périodiques qui se répétaient plusieurs fois dans le cours de l'année.

Le grand nombre de messes et de prières fondées nécessitaient, pour être acquittées, la présence simultanée d'un certain nombre de prêtres, et ce doit être là la cause première de la création de ce genre de communautés.

Ces dons volontaires et spontanés des fidèles dans le cours des siècles constituaient le patrimoine des églises et assuraient la subsistance des prêtres qui les desservaient. A la Révolution, ce patrimoine fut confisqué et vendu à vil prix. Au retour des temps meilleurs, pour rassurer la conscience des acheteurs, valider les ventes faites et donner une compensation aux paroisses dépouillées il fut convenu dans un concordat entre Napoléon et le clergé de France que l'Etat, dorénavant, à titre d'indemnité non point facultative, mais obligatoire et irrévocable, servirait à perpétuité un traitement fixe aux curés et desservants des paroisses. C'est là l'origine du budget actuel des cultes, en ce qui concerne le clergé catholique de France.

On ne relève pas, dans les registres de Venteuges, comme on le fait pour la communauté de Saugues, des distributions en numéraire ou même en nature, faites après la célébration de certains offices, de même que l'on ne retrouve pas dans les fondations de Venteuges, autant de particularité liturgiques que dans celles de l'Eglise Saint-Médard.

Quant au mode de distribution, bien que rien n'ait été découvert à ce sujet, il semble naturel de présumer que chacun de ces prêtres devait participer aux revenus communs suivant son assistance aux offices célébrés dans l'église.

Nous savons peu de chose des rapports de la communauté de Venteuges avec celle de Saugues et des paroisses voisines. Au décès des personnes notables, elles étaient simultanément convoquées. C'est ainsi qu'à l'enterrement de Marguerite de Langlade, veuve de noble Claude de Chastel, seigneur de Servières, on voit figurer 1[illegible] prêtres de Saint-Médard, de

Saugues, 4 de Venteujouls, 3 de la Besseyre-Saint-Mary, 1 de Grèzes, 1 des Plantats et 1 de Servières, 19 février 1655. (Reg. de Servières).

Nous ne savons rien non plus des relations de cette communauté avec ses proches voisins les chanoines de Pébrac. Venteuges dut fournir à cette abbaye un certain nombre de religieux, car nous relevons Foulques et Drogon de Meyronne, chanoines de Pébrac, vers 1140, Guy de de Meyronne, abbé en 1340, et enfin J. Torrent de Lavès, déjà cité, religieux augustin et prieur de Chazelles.

III

Fondations faites a l'église Saint-Jean-Baptiste de Venteuges.

Ces fondations offrent une certaine diversité dont voici quelques formes :

« Lyonnet Freycenet de la Bastide, doibt ung digner et reffection corporelle le jour et feste de la Toussaingtz à tous les prebtres de lad Esglize, contract receu Me Gemarenc le 21 Dec. 1580. »

« Plus doibt led. Freycenet pour Anth. Veysseyre, deux digners et reffections corporelles, lung le jour et feste de saint Jacques,

Majeur apostre, et laultre le jour et feste de l'Assumption N. Dame Assavoir le digner de saint Jacques au revenu de xxx solz annuels, et laultre de N. Dame au revenu de xx solz annuels. »

(Regist. de Venteug)

« Jean Ollier de Pontaghon doibt aux sieurs prestres xxxvi livres pour ung digner a chescun an et à chescune feste N. D. d'Aoust au revenu de xxxvi sols annuels payables chescun an et feste de N. D. de Mars; contract receu le 12 mars 1601. » (Id.)

« Les relligieuzes du noble couvent des Chazes doibvent aux S. prebtres de Ventenioul et à chescun d'iceulx, ii sols vi deniers et à chescun jour de N. D. d'Aoust, le lendemain de la feste de la Saint Jean, et le jour de Saint Mathias, apôtre, pour la réduction de troys repas deus par lesd. dames aux susd. jours par contract du 26me julhet, mil cinq cens quarante et huict. »

« Et du despuis le susd. contract auroict esté faict aultre redduction pour chescun desd. digners à trante sols pour tous lesd. prebtres à chescun desd. jours, se montant en tout pour lesd. troys jours à quatre livres x sols, dequoy lesd. prebtres n'en sont saizis que du susd. contract, pourtant a esté payé de tout notre temps et mémoyre pour chescun an, la somme de iiii livres x sols. »

« La dame de Pompignac, cellérière, a payé pour les années 1635, 1636, 1637, 1638 et à chescune desd. années iiii l. x s. » (Id.)

« Nobl. Anth. de Chavanhac, de Meyronne, pour feu noble Loys de Chavanhac, son père, doibt de pantion annuelle xxx sols pour la fondation d'une messe le jour de Saint-Loys, en hault, suivant le testement receu Me Méd. Julien, not. de Salgue. »

« Gaspare Anglade, fonde une messe en hault, le jour où l'Eglise sera le moins occupée, 12 may 1660. »

« Benoicte Merle de Servillanges, fonde au revenu annuel de x sols, une messe en hault, le jour de Saint Benoict, par contract du 8 déc. 1657. »

Marguerite Lonjon, et Marguerite Mourel fondent l'une deux messes en hault et vespres le jour de N. D. d'Aoust, l'autre une messe le jour de Sainte Marguerite. »

« Vidal Coston de Servillanges fonde au revenu de x sols, deux messes de l'aube, l'une le jour de Saint Mathieu et l'autre le mardi de Pasques. Dernier janv. 1657. »

« Le 20 May 1604, Mre Estienne Meyronnenc, prêtre de Venteuges, fonde deux messes, l'une à haulte voix, le jour de Saint Anne d'Aoust, l'autre le jour de Saint Valentin durant sa vie, et après son trépas, des morts, à l'intention de son âme et de ses prédécesseurs, parents et amys ; après. lesd prestres seront tenus venir sur son tumbeau et illec dyre un libera accoustumé, pour la cellebration desquelles ledict Meyronnenc a légué la somme de 24 livres, lesquelles lesdits prestres ont confessé avoir eue et resceue dud. Meyronnenc pour la facture du banc de lad. Esglize à laquelle il a contribué. »

« Jean Cubizolles de la Vacharesse avait fondé vêpres chacun dimanche de l'année sous le revenu de xv livres. »

« Mre de la Fagette doibt auxd. prebtres la pantion annuelle de quinze livres, payables à checun jour et feste Saint Michel, pour la fondation que demoiselle de Fontunye a faicte de dyre Complies tous les sammedis de l'an, et les quatre festes de N. D. »

« Le dit sieur de la Fagette m'a bailhé trois charges de vin en payement pour chescune des années 1635, 1636, 1637, 1638. »

« Le dit sieur ma payé en vin que j'ai faict aller quérir à Velhe-Brioude pour les années 1639 à 1647, inclusivement. »

« Jean Anglade de Lavès, a fondé en l'Esglize de Venteuiol, Matines, Laudes, Prime, Tierce, Sexte, None; une messe en bas tous les jours et festes de la Décollation de Saint Jean-Baptiste et Saint Jean-de-May « ante portam Latinam » et pour lad. feste de May, lesd. sieurs prestres l'ont changée au jour et feste l'assention Notre-Seigneur; et pour icelle fondation a donné cent livres, au revenu annuel de cinq livres, contrat du..... 1638. »

M. Jean Paghe, curé, a payé pour ledit Anglade en 1638.

« Claude Planchette de Combret, doit 48 sols de revenu pour dire des messes de l'aube la fête de Corporis Christi, de l'Ascension, lundy de Pasques, lundy de Pentecostes, feste de Saint Michel, Saint André, Sainte Anne, et les vêpres à haulte voix le jour de la Purification. 16 juin 1650. »

« Le 28 avril 1578, noble demoiselle Claude de Dorette, dame de Meyronne, habitant aud. lieu, par. de Venteuioul, a fondé par aulmosne de charité, en l'Eglise parochielle de Saint Jean-Baptiste de Venteuiol, six messes en bas, dictes et cellebrées par lesdicts prebstres, d'icy en avant durant six jours de la sepmaine, savoir les lundy, mardy, mercredy, jeudy, vendredy et sammedy. Icelles accommenceront lundy prochain, et à chescune d'icelles dictes seront tenus lesd prebstres faire commémoration de son âme et dyre ung libera sur le tumbeau deses prédécesseurs. Et ce moyennant la somme de quarante escus d'or sol (1), laquelle somme sera paiée à Me Vidal Coudert, prebtre et procureur de la communauté, par Jean Meyronnenc du Rouve, somme deue par luy pour arréraiges à feu noble Anth. de Dorette quand vivoit seigneur de Meyronne. Faict à Meyronne le jour et an susd. »

« Ladicte demoiselle de Dorette a encore fondé quatre messes en hault, en diacre et soulz-diacre qui seront cellebrées perpétuellement à chescune Notre Dame de Mars, d'Aoust, de Sept. et de Nov. *à la chapelle de lad. dame en lad. Esglize de Venteuiol*, et en outre, a volu lad. dame que par lesdicts prebstres tous les samedys ou veilhes des festes solennelles soit dict l'Inviolata dans lad. Esglize après qu'ils auront dict Complies à l'honneur et l'intention des prédécesseurs de lad. dame, et ce moyennant la somme de vingt-huit escus qu'elle assigne sur Pierre Meyronnenc, suivant l'obligation consentie à feu noble Anth. de Dorette, quand vivoit seigneur de Meyronne.

(1) Les écus d'or sol étaient ainsi appelés parce qu'ils portaient un soleil gravé au-dessus de la couronne. Cette monnaie datait de la fin du quinzième siècle.

Fait aud. Meyronne, le jour et an que dessus. »

« L'an 1598, et le dernier jour de may, noble Loys de Chavaniac, seigneur des Brosses et de Meyronne, prenant en main pour noble dame Françoise de Chavaniac, relligieuse des Chazes et prieure du Chambon, a promis fere exécuter le contenu au présent contract, estant lad. dame en dévoction de fere fondation de messes à son intention, et de ses prédécesseurs, en lad Esglize Saint Jean-Baptiste de Venteuiol, par Mres les prestres d'icelle acceptant Mre Guilh. Coston, Est. Meyronnenc, Jean Pellisier et J. Paparic, pour eux et les aultres prestres quelconques pour l'avenir. »... ......« Seront dictes et cellebrées en lad Esglize, une messe en bas des cinq playes tous les premiers vendredys du moys, et après lad. cellebration dyre la Passion et ajouter le Libera me avec le de profundis, et tout sera dict à la chapelle de Meyronne, tant quelle vivra, et après son décès veult que lad. Messe se cellebre désormais en bas, avec la passion libera me et de profundis. A la charge que la première messe de morts que se dira après son décèz, soit dicte et chantée, tant seulement, et après en bas à perpétuité ; dès lors qu'on dira la passion on sonnera trois coups de la cloche petite. Davantaige par lesd. prestres sera dicte cellebrée en lad. Esglize une autre messe des unze mille vierges tous les ans, le jour de la feste, en bas, à l'intention de lad. fondaresse et de ses successeurs..... moyennant la somme de vingt escus sol de principal, au revenu de ung escu sol chescun an... »

Fait et récité à Venteuiol, etc.

(Reg. parois. de Venteug.)

Nous bornerons là nos citations.

Il y avait deux chapelles dites de Meyronne : l'une faisant partie du vieux château, et aujourd'hui lamentablement ruinée, servait aux châtelains pour l'audition de la messe seulement. L'autre, sous le vocable de Saint-Pierre, sise dans l'église paroissiale de Venteuges, était celle en faveur de qui étaient faites les fondations citées. Depuis longtemps déjà elle avait été dotée par les prédécesseurs des Dorette et des Chavanhat à la seigneurie de Meyronne ; elle possédait un prêtre pour la desservir, et ce prêtre qui faisait partie de la communauté de Venteuges, portait le titre de vicaire chapelain, ou même quelquefois prieur de la chapelle de Meyronne. Elle avait aussi son terrier ou recueil de reconnaissance de cens et rentes à elle dues pour subvenir aux diverses fondations déjà faites, avec la délimitation des terres qui les supportaient. Le dernier terrier fait à la requête de J. Amargier, vicaire de Meyronne, vers 1650, se retrouve encore parmi les documents possédés par une ancienne famille de Saugues (1).

Les seigneurs de Meyronne nommaient le titulaire de cette chapelle qui était tenu à la résidence. Les prieurs ou chapelains de Meyronne sont :

Jean Fay, 1569.
Loys Amargier, 1598.
J. Amargier, 1635, 1650.
J. Rougeiron, 1698.

Mre de Roche Monteix, seigneur de Meyron-

(1) Chez Madame Sapet-Estaniol.

ne, nomme à nouveau, en 1733, J. Rougeiron, chapelain de cette chapelle. Nous ne savons si c'est une confirmation ou bien une nouvelle nomination faite par ce seigneur qui venait d'entrer en possession de cette terre, par son mariage avec l'unique héritière de Chavanhac de Meyronne.

« Le revenu de cette chapelle était alors de 200 livres, les charges de dix livres, les décimes de 25. L'Evèque de Mende en avait la collation et l'institution ». (Pouillé du dioc. de Mende. Invent. des archiv. II. p. 413).

IV

ÉVÉNEMENTS DIVERS

Une maison claustrale est fréquemment signalée dans les reconnaissances : c'était la demeure de la prieure et de sa compagne.

« Chaque prieure vivait avec une compagne, dans son prieuré, y faisait le service divin sous la règle des Chases, et sous la juridiction de l'abbesse qui allait les visiter annuellement, et qui avait la collation de ces bénéfices. »

(Branche, Monast. d'Auverg. p. 311)

L'on a vu, en effet, Cécile de Montchauvet, en 1344, léguer trois sols à la prieure de Venteuges et à sa compagne. Or vers la fin du quatorzième siècle, Béatrice de Vergezac était prieure dudit Venteuges. Une fois élue abbesse des Chazes, peu charmée du souvenir qu'elle avait emporté de son séjour en cette paroisse, elle adressa à l'évêque de Mende la requête suivante : « Les prieurés de Venteuges et de Cubelles dépendant de l'abbaye des Chazes, doivent être desservis par une prieure et une sœur, à la nomination de l'abbesse, et les desservantes y doivent résider. Mais les revenus ne s'élèvent pas à 10 livres tournois ; du reste, lesdits prieurés ne sont guère distants de l'abbaye de plus d'une lieue, et sont situés dans une région montagneuse et déserte où les religieuses courent les plus grands dangers D'ailleurs, depuis la nomination récente de la prieure de Venteuges à la charge d'abbesse des Chazes, il a été impossible de lui trouver une remplaçante, enfin le petit nombre de religieuses ne permet pas d'en entretenir deux autres au dehors. En conséquence il serait bon d'unir lesdits prieurés à l'abbaye. »

« L'évêque de Mende, Robert (de Bosc), après une enquête, prononce l'union de ces deux bénéfices à l'abbaye des Chazes, à la condition que l'abbesse servira désormais aux évêques de Mende, une livre de cire, chaque année. 29 mars 1402 (1). »

Les abbesses des Chazes, conservèrent toujours leur droit de présentation à la cure de Venteuges.

« Le 31 janvier 1458, Marie d'Aubière pré-

(1) Archiv. dép. de la Lozère, G. 2074. Nous devons communication de ce document à l'obligeance de M. Ch. Porée, archiviste de la Lozère.

sente Guill. Bongrand, en remplacement d'André Bongrand que son grand âge rend incapable de desservir la cure.

« Le 4 février 1594, Catherine de Rivoire, propose Jean Besson, en remplacement de feu Claude Potet.

« Enfin plus tard, le 15 mai 1690, Charlotte de Beauverger Montgon présente Gilbert Thomas, en remplacement de feu Gémarenc. »

En sa visite réglementaire des paroisses de l'archiprêtré de Saugues, François du Puy, curé de Thoras et archiprêtre, dans son procès verbal, s'exprime ainsi :

« Venteïolz. — L'Eglise dédiée à saint Jean-Baptiste. Les dames des Chazes en sont prieuses auxquelles jay envoie un billet par le sieur curé affin de les supplier de faire paver le cœur de pierre ou de bois comme votre grandeur avoit ordoné.

« Le sieur curé Jean Page, aagé de 55 ans ou environ faict bien sa charge. Pierre Pélissier, vicaire, aagé de 37 ans ou environ, tient mal propre son calice et son purificatoire (1). »

L'absence des documents ne permet pas d'écrire ici cette page douloureuse qu'est l'histoire des guerres de religion, en cette contrée, vers la fin du seizième siècle. Dans cette plaine que rien ne défendait contre les pillards, dans ces villages ouverts à tout venant, et que ne gardait aucun château-fort, les religionnaires, ou plutôt les bandits qui prenaient ce nom, pour voler plus à l'aise, durent s'en

(1) Soc. des Scien. du Puy. Mémoir. p. 28. Ad Lacombe.

donner de déprédations insolentes et d'atrocités impunies « Les dictz voleurs discourent le « Gévaudan sans aulcune contradiction, telle- « ment que à cause desdictes voleryes, courses « murtres emprisonnementz, personne des- « dictz ecclésiastiques ne demeure en son « bénelfice, tellement que neuf vingz quatre « paroisses qua en Gévaudan, le service divin « n'est faict que aux lieux fortz que sont « Mende, Sainte-Enimye,...... le Malzieu, « Salgues, Saint-Alban, Langonhe, Chasteau- « neuf, et parfois à Marvejols, Quézac et « Grandrieu (1). »

C'est de cette époque que date la diminution du nombre des prêtres de la communauté de Venteuges.

Rien n'a été transmis de ce que furent, en cette paroisse, les calamités qui suivirent. L'on ne sait pas ce que fit de victimes la contagion de 1629, sur laquelle sont si explicites les registres de Servières, dont nous parlerons à leur heure. L'on ne sait pas non plus ce que creusa de tombes la terrible famine de 1694, dont l'intensité se décèle par la liste interminable de décès significatifs des actes mortuaires de l'Eglise Saint-Médard de Saugues et de Cubelles. Ceux de Venteuges ont disparu en grande partie, et ce qui reste ne se départ point d'une sorte de rigidité officielle, qui ne laisse rien deviner des événements survenus.

L'émigration des ruraux dans les villes fortifiées, et la mortalité causée par ces épidé-

(1) Extr. du procès-verbal dressé par ordre du clergé du diocèse de Mende, au mois de mai 1584. Archiv. de Mende, G. 1469.

mies, avaient appréciablement diminué la population de Venteuges, qui mit de longues années à réparer ces pertes.

En 1728 un dénombrement lui assignait 636 habitants dont 184 capitables (1).

En 1736, les chefs de famille étaient au nombre de 208.

La paroisse payait pour sa capitation :

En 1701	267 livres.		
1703	583	—	15 sols.
1706	309	—	7 —
1710	311	—	
1714	302	—	
1716	272	— (2)	

En l'année 1701, on voit figurer parmi les cotes diverses :

Noble Gabr. de la Roche Négly, pour	15 livres.		
J.-François de Sauvaige	5	—	
Jean Torrent, ses deux bouviers et sa servante	8	—	10 sols.
J. Laurent	4	—	
P. Régourd	3	—	10 —

A la suite d'une terrible épidémie, un vœu solennel, pour détourner le courroux céleste, fut fait par toute la paroisse. La date de ce vœu ne nous a point été transmise, mais depuis « un temps immémorial » suivant l'ex-

(1) G. de Burdin, Doc. sur le Gévaudan, t. II. Pouillés.
(2) Inv. somm. des Archives de la Lozère. Archiv. Eccles. t. II, passim.

pression du registre paroissial, un pèlerinage se fait chaque année à Notre-Dame d'Estours. Le jour fixé est le dimanche qui suit la fête de l'Ascension. Le départ a lieu à 7 heures du matin. Le soleil est déjà haut à l'horizon, à travers la fraiche verdure des coteaux, la blancheur des aubépines et l'âcre senteur des genêts, les congrégations en costume, les prêtres en surplis, les assistants en vêtements de fête, croix en tête, cheminent lentement au chant des cantiques, dans ces sentiers pittoresques mais durs et interminables qui conduisent au vénéré sanctuaire. Une fois arrivés, une messe solennelle est chantée puis des prières sont faites, pour les pèlerins, pour ceux que la nécessité a retenus au logis, en un mot pour toute la paroisse, et la dévotion satisfaite, on revient à Cubelles, où une halte de deux heures permet à chacun de donner à son corps le repos nécesssaire et de ranimer les forces épuisées. Le repas fini, on chante dans l'Eglise de Cubelles, les vêpres du jour, suivies de la bénédiction du Saint-Sacrement, et l'on revient processionnellement à Venteuges.

Venteuges, de mémoire d'hommes, n'a jamais manqué à son vœu. — Nous savons aussi que cette paroisse paya un large tribut à l'incroyable voracité de cette bête féroce qui a laissé un si terrible renom, et que l'on a depuis appelée la bête du Gévaudan.

Vers le milieu de 1765, ce loup sanguinaire, insatiable de chair humaine, traqué par les chasseurs, avait établi son repaire favori dans cette large bande de bois impénétrables, qui, de Paulhac et la Besseyre, s'étendent le long des flancs de la Margeride jusqu'au Sauvage de Chanaleilles, et font partie du territoire de Grèzes-la Clause, Servières, Venteuges et la Besseyre. De là il faisait à la ronde de fréquentes incursions et de nombreuses victimes.

Des battues dirigées par une compagnie de dragons, des poursuites de jour et de nuit, faites avec des meutes expérimentées, par des louvetiers en renom, ne donnèrent aucun résultat satisfaisant. Cependant, le nombre des victimes augmentant chaque jour, l'effroi et la consternation se répandirent dans le pays, et l'on n'osait plus sortir qu'en armes et en troupes.

M. Antoine de Beauterne, lieutenant des chasses du roi, vint se fixer à Sauzet, en cette paroisse, et de là dirigea les opérations qui avaient pour but de purger la contrée de ce monstre malfaisant. Bientôt après, le 20 septembre 1765, dans un bois dépendant de l'abbaye des Chazes, il parvint à tuer un loup énorme que l'on crut être la Bête poursuivie.

Mais les meurtres s'étant renouvelés deux ou trois mois après, l'on remit en jeu, sous la direction de M. d'Apchier et de M. Lafont le syndic du diocèse, les moyens déjà employés, auxquels on ajouta une méthode nouvelle, celle de l'empoisonnement.

On lit dans les comptes de dépenses (1) :

« Le 22 avril 1767, nous avons mis du poison au passage du bois du Mignal, la Griffoulière, du Mont et de Giberges.

« Le 23, nous avons jeté du poison au bois

(1) Ferd. André, Les loups en Gévaudan, p. 25.

de Sigasse-Molenne, partie de celui de Servières et de Servillanges.

« Le 24, avons jeté du poison au bois de Pépinet.

« Le 25, au bois de Servières, et partie au bois de Servilanges, tirant sur Pépinet. »

Mais la bête ne mordit pas au poison, et ne put être exterminée que par les balles de Jean Chastel, sur le territoire de la Besseyre, dans une battue dirigée par M. d'Apchier, le 19 juin 1767.

Venteuges comptait un certain nombre de victimes :

« Le 23 janvier 1765, la Bête, entrant à Venteuges, près Saugues, dans une cour close, y saisit un enfant de trois ans, franchit la muraille et l'emporta (1).

« Le 6 février, elle dévora un enfant à la Bastide, paroisse de Venteuges, on ne trouva que la tête de l'enfant et quelques morceaux de ses habits.

« Le 2 mai, la Bête coupa la tête d'une fille de 32 ans, de la paroisse de Venteuges (2).

« Le 19 mai, la Bête féroce égorgea une femme de 45 ans qui gardait du bétail dans le bois de Servillanges ; elle lui coupa la tête, entraina le cadavre environ 150 pas plus loin, en suça tout le sang, et en arracha le cœur ; 24 heures après, elle revint au cadavre, et en dévora encore toute la poitrine.

« Du 21 juin 1765. Je reçois un exprès de

(1) La B. du Gév. par l'abbé Pourcher, p. 175.
(2) Journal des Ravages de la Bête. Bibl. nation. Pourcher, p. 670.

M. Torrent, curé de Ventuéjols, qui m'apprend que le matin de ce même jour la Bête a coupé et emporté la tête d'un jeune garçon de douze ans.

« Le 13 septembre, elle égorgea sur la fin du jour, une jeune fille de 12 à 13 ans du village de Pépinet, dont le cadavre fut retrouvé le lendemain à demi dévoré. C'est la troisième personne de ce village. »

Nous savons encore que depuis longtemps en ça, Venteuges possédait sa communauté du Tiers-Ordre de Saint-Dominique, pour donner dans les villages et les hameaux l'enseignement du catéchisme et des premiers éléments de lecture et d'écriture. En 1739, M. Torrent, curé (1) demande et obtient pour elles la permission de faire prêcher et d'exposer le Saint Sacrement, le jour de saint Dominique et de Sainte Catherine de Sienne. Cette autorisation fut accordée par Mgr de Choiseul-Beaupré, évêque de Mende; les dignitaires étaient alors : Marie-Anne Laurent, supérieure, Marie Laurent, assistante, et Marie Loubat, maîtresse des novices. Cette communauté, à ses heures de prospérité, comptait jusqu'à vingt-deux sœurs. Il n'est pas probable qu'elle soit antérieure à celle de Saugues qui fut fondée de 1650 à 1660. Celle-ci, en effet, sous l'épiscopat de Mgr de Piencourt (1677-1707) avait déjà obtenu cette même permission d'exposer le Saint Sacrement le jour de Saint Dominique, c'est-à-dire plus de quarante ans avant celle de Venteuges.

(1) François Torrent, curé de Venteuges, décédé le 21 février 1770, à 10 heures du matin, âgé de 69 ans. (Note du registre).

La permission donnée ne dit point si cette exposition avait lieu au maître-autel ou à l'une des chapelles de l'église paroissiale.

L'on sait peu de chose de ces chapelles. Celle de Meyronne a été déjà signalée, celle de la B. V. Marie est aussi mentionnée dans le testament de Cécile de Montchauvet Quant aux autres il n'en est aucunement parlé, et le répertoire des fondations concerne seulement, comme on a pu le voir, celle dédiée à Saint Jean-Baptiste, c'est-à-dire l'église paroissiale elle-même, et celle de Meyronne.

Pourtant l'usage était en ces jours là que chaque famille noble eût sa chapelle.

Or Venteuges comptait quatre familles nobles :

1· Les seigneurs de Meyronne, 1140-1790 ;
2· Les seigneurs de la Fagette, 1259-1790 ;
3· Les Sauvaige de Servillanges ;
4· Les Auzerand de Bénistant. Cette dernière appartient plutôt à l'histoire de Saugues, qu'à celle de Venteuges.

1· Le seigneur de Meyronne, l'un des plus puissants du mandement de Saugues, avait des possessions dans 25 villages, dont quelques-uns appartenaient à l'Auvergne. Là-bas, tout au fond d'une gorge profonde, il résidait en son castel, dressé sur une roche escarpée, presque aussi difficilement accessible que l'aigle farouche dans son aire.

Cette famille compte : « Dona Gastelloza » (1265), dame célèbre qui s'est fait une renommée parmi les troubadours de son époque, Guy de Meyronne, abbé de Pébrac en 1340, Eustache de Meyronne, fordoyen de Brioude,

1348, et Louis de Chavanhac, doyen, 1680. de ce même chapitre noble de Brioude.

Elle a pris, par suite de substitutions successives, des noms divers. De 1140 à 1412, ce sont les Trucs de Meyronne, au quinzième siècle les de Tailhac, au seizième les Dorette, au dix-septième les de Chavanhac, (Suat), et enfin en 1733, les Rochemonteix dont la dernière héritière épouse Thomas Domangeville, à l'approche de la Révolution. L'abondance des éléments demande une notice particulière qui sera publiée ailleurs.

2· Les seigneurs de la Fagette, dont la trace se retrouve en 1259, habitaient en leur château de la Fagette, à deux kilomètres environ de Venteuges. Vers le commencement du quinzième siècle, cette seigneurie appartient aux Roget d'Andrueïols (Andreuges, près Saugues) seigneurs des Roziers, qui à leur tour sont remplacés par les La Roche-Négly, de Chamblas en 1641, la dernière héritière de Gilbert de Roget, ayant le 25 novembre de cette année, épousé Hector de La Roche Négly de Chamblas. Cette famille aura aussi sa notice particulière.

3 Les Sauvaige de Servillanges et les Auzerard de Bénistant furent maintenus nobles en 1668, par jugement de M. de Besons, intendant de Languedoc.

La brièveté de ces notes ne permet pas de donner ici la liste entière des seigneurs suzerains de Venteuges, les barons de Mercœur, on en verra dans l'histoire de Saugues, dont ils étaient aussi les seigneurs, la complète énumération.

Aux approches de la Révolution, des requêtes et des réformes se produisent qui préludent à un changement de régime.

En 1770, J. Delair, curé de Venteuges (1), adresse une requête à la Chambre ecclésiastique pour obtenir une diminution de ses décimes. La cure rapportait 340 livres, les charges étaient de 35, les décimes de 42.

Au moment de la formation de la France en départements, Saugues, dans une délibération du 10 décembre 1789, demanda à être détaché du Gévaudan et joint au district du Puy pour faire partie du département de la Haute-Loire. Mais les paroisses voisines, entr'autres Venteuges et Grèzes, protestèrent contre cette attribution et voulurent rester attachées au Gévaudan. Ce fut en vain, Saugues l'emporta. Les commissaires chargés de cette formation, ayant écarté l'idée de séparer Saugues des paroisses limitrophes, joignirent au Velay celles qui sont en deçà de la Margeride malgré les tiraillements de Brioude et de Langogne qui voulaient chacune de leur côté, s'attacher quelques une de ces localités. Au mois de juillet 1890, cette opération était consommée.

........................Aux heures critiques de la Révolution, M. Rougeyron, le successeur de Jacques Delair à la cure de Venteuges, refusa de prêter serment à la constitution, et se tint caché pendant la période révolutionnaire. Les registres rapportent que le gendarme Margotta venu à sa recherche s'était emparé de lui dans le presbytère, mais les femmes de la paroisse accourues en nombre à sa rencontre, le poursuivirent de leurs injures et à

(1) Décédé le 21 septembre 1791.

grands coups de pierres le contraignirent de lâcher sa proie. On savait à Venteuges défendre son curé. Ce saint prêtre, durant la Terreur, put ainsi procurer aux malades de la paroisse et à ceux des villages voisins les secours de la religion Ce même registre affirme encore qu'après le concordat, M. Rougeyron fut transféré à la cure de Grèzes.

En même temps que l'abbé Rougeyron, d'autres prêtres, dont quelques-uns venus des diocèses voisins, trouvaient dans la paroisse de Venteuges, une hospitalière sécurité.

L'un d'eux, Joachim Ganilhe, âgé de 68 ans, ci-devant professeur de théologie au collège de Saint-Flour, depuis le mois de juillet 1792, cachait sa tête proscrite dans les villages qui confinent aux communes de Saugues et de Venteuges. Au commencement d'août 1794, ne se croyant plus en sûreté à proximité du chef-lieu, il se retire au petit hameau de la Rouffiage (1) Là il tombe malade, et meurt huit jours après.

« Il est décédé dans la maison du citoyen » Romeuf, dit Pointu, cultivateur au dit lieu « de la Rouffiage, les citoyens Chambon et « Cubizolles attestent lui avoir donné leurs « soins, et ensuite fait eux mêmes l'inhuma- « tion du dit Ganilhe, dans un champ situé « derrière la grange dudit Romeuf, et qui fut « couvert par un pignon de bled, à cause du moment de terreur (2) ».

N'est-ce pas un martyr que ce vieillard, proscrit pour n'avoir point juré, et venant

(1) Dans les appartenances de Pébrac.
(2) Registres de la Municip. de Saugues.

loin de sa famille, loin de son diocèse, trouver une mort attristée par l'exil entre les mains inexpérimentées de trois braves paysans qui risquent eux-mêmes la tête dans cet exercice de charité?

Venteuges dut au bon esprit de sa municipalité et à la bienveillance du citoyen Torrent de Lavès, chef de la garde nationale, et des volontaires de cette commune, de passer dans une quiétude relative, les temps orageux de cette période tourmentée. Toutefois on ne put empêcher l'exécution d'une partie des décrets et des ordres venus de la convention nationale et du directoire du Puy.

Un jour, la garde nationale de Venteuges recevait l'ordre de se réunir dans la nuit, à celle de Saugues et de Cubelles, pour aller faire des perquisitions au Bois-Noir et à la Font-du-Fau (30 mai 1793.)

Un autre jour on recevait du Puy, l'ordre de descendre les cloches pour les transporter au chef-lieu du district (17 septembre 1793.)

Nous ne savons si à Venteuges l'on imita la municipalité de Saugues, mais celle-ci apporta à l'exécution d'un décret semblable reçu par elle, de si sages lenteurs, que cent ans après toutes les cloches se retrouvaient encore à leur poste au haut du clocher.

Tantôt la municipalité était invitée à apporter au chef-lieu l'argenterie de son église, pour en faire l'envoi total au district (31 déc. 1793). Tantôt enfin, on lui donnait avis des mesures diverses, prises à cause de la disette régnante, au sujet de la vente des grains Ce sont ces mesures qui provoquèrent l'incident du bois de Sap, le 4 floréal an II. (23 avril 1793).

Le transport des grains était interdit sans autorisation et inspection préalable. Or un détachement de patriotes surprit à l'entrée de la nuit, près du bois du Sap, un chargement de blé conduit par trois chevaux qui se dérobait en contrebande. Devant la résistance du conducteur, un garde national fit feu sur lui. Le malheureux blessé vint se réfugier à Sauzet, chez son beau-père. Une information découvrit que le délinquant, domestique au moulin de Fô, se dénommait Barrande. Les registres ne disent pas ce qu'il advint ensuite (1).

Durant cette période, les sœurs du Tiers-Ordre de Saint-Dominique avaient dû s'effacer devant les rigueurs de l'orage, mais la crise terminée, elles reprirent leur costume et le cours ordinaire de leur vie habituelle qu'elles continuent encore aujourd'hui.

Les familles nobles disparurent de la scène à leur tour. De leurs membres, quelques-uns émigrèrent, comme Thomas Domangeville, dernier seigneur de Meyronne, d'autres se dissimulèrent et passèrent inaperçus, d'autres enfin, comme Auzerand de Bénistan, furent temporairement emprisonnés et plus tard rendus à la liberté.

(1) Reg. de Saugues.

V.

Venteuges après la Révolution

Au sortir de cette période, la paroisse ne retrouva ni sa communauté de prêtres, ni ses fondations diverses, ni les terres données à son luminaire. Il ne fut question désormais ni de prieure, ni de présentation par l'abbaye des Chazes, celle-ci ayant sombré corps et biens dans l'évolution sociale qui venait de s'accomplir. La cure, dès lors, tout uniment et sans réserve, releva de l'évêque de son nouveau diocèse.

Un prêtre intrus, dont il est inutile de citer le nom, avait rempli les fonctions de curé, tandis que l'abbé Rougeyron se dérobait aux poursuites ordonnées contre les prêtres insermentés.

Et depuis le transfert de l'abbé Rougeyron, les curés se sont succédé à Venteuges dans l'ordre suivant :

Crouzet..	1803-1808
Dumas......................	1808-1819
Thomas.....................	1819-1839
J.-B. Berard.................	1839-1864
J. Martin....................	1864-1885
Etienne Soul.......	1885-....

VICAIRES

Coste,
Eymard, plus tard curé de Grèzes.
Despeisse,
Gaillard,
Eymard,
Vigne,
Barrande, qui par sa charité laissa d'impérissables souvenirs, et mourut âgé de 44 ans (1).
Lyonnet,
Blanc,
Fl. Bérard,
Pierre Rivet, assassiné à Saint-Arcons-d'Allier le 3 janvier 1882 (2).
F. Danthony,
J.-B. Laurent,
R. Pays,
J. Amblard,
J. Floraud,
C. Boulon,
J. Vidal.

Les églises, dans ces pays de longs hivers, ne peuvent indéfiniment résister aux intempéries, aussi celle de Venteuges accuse des remaniements successifs qui lui enlèvent son uniformité architecturale, et réunissent en un même monument des styles divers d'âges bien différents. Le chœur et les chapelles latérales sont de réfection moins ancienne que le reste de l'édifice : de ces petites chapelles, celle dite « des Prolhac » offre un système singulier

(1) Note du registre de paroisse.
(2) Note du reg. de paroisse.

d'assez lourdes nervures qui courent dans sa voûte.

Que d'églises lui envieraient les superbes sculptures de sa chaire et de son maître-autel, sortis l'un et l'autre de l'adroite main d'un artiste de la localité !

Le clocher, avec sa flèche aiguë, fut reconstruit par les soins et sous le ministère de l'abbé J.-B. Berard. Les plans et la direction de ce travail avaient été confiés à un prêtre originaire de la paroisse, M. Meyronnenc, curé de Javaugues. Les cloches qu'il renferme de date récente, — elles sont de ce siècle — n'offrent aucun intérêt historique.

Le cimetière fut refait par la même occasion. On ne peut plus dire de lui, ce qu'écrivait en 1626 Jean Bros, curé de Langogne dans son procès-verbal de visite : « Ventujouls.... le cimetière y sert de place, y vendant et acheptant les jours de festes et dimenches (1). »

L'inventaire de la fabrique ne mentionne aucun objet d'art antique, aucune de ces belles et vieilles croix d'argent comme en possèdent Saugues et Cubelles.

Les paroissiens de Venteuges qui jadis voulaient porter l'habit de pénitent, venaient se faire inscrire à la Confrérie des Pénitents blancs de Saugues. Celle-ci reçoit, en 1780 (23 mars) Jacques Loubat de Lavès ; en 1791, Michel Fabre de la Vacheresse, qui ne paye rien pour sa réception, son neveu ayant fait l'aigle du lutrin ; en 1792, J.-Pierre Fabre. Les réceptions recommencent en 1801, et les

(1) Archiv. de la Lozère, g. 722.

premiers reçus sont Jacques Longlion, de Servillanges, et Jean et Maurice Prolhac, de Venteuges (1). Mais Venteuges maintenant n'a plus besoin des paroisses voisines ; il possède sa confrérie depuis 1864.

Des sœurs de Saint Dominique y dirigent une école libre de jeunes filles, et grâce à l'ensemble de ces éléments, grâce aussi aux bons prêtres que cette paroisse a possédés, les convictions et les pratiques religieuses y ont subi moins qu'ailleurs, les atteintes pernicieuses de l'iniquité des temps et des opinions nouvelles.

Le sol, maigre et pierreux, ne nourrit pas sans peine ses 1.132 habitants : l'aridité naturelle du terroir, avec l'inclémence du ciel, y font une vie rude et laborieuse à l'indigène qui demande à l'élevage son pain de chaque jour. C'est trop d'espace pour un si petit nombre de bras, et un trop maigre produit pour un si rude labeur, qui, à une altitude moindre, donnerait un rendement bien supérieur. On y récolte du seigle, de l'orge, de l'avoine, des pommes de terre et des raves, beaucoup de foin, et l'on tire quelque profit des bois qui s'étendent dans la région de la Margeride.

Cette contrée a pourtant ses courtes heures de gloire : sous les feux fécondants du soleil de juillet, les flots d'or des moissons, l'épaisse toison des prairies, dont la verdure se panache des plus chatoyantes couleurs, simultanément venus, et s'étalant côte à côte, font à cette terre une physionomie surprenante qui n'est pas de longue durée. Sitôt les foins coupés,

(1) Registre des Pénitents de Saugues.

les moissons enlevées, elle reprend sa teinte grisâtre, et ne montre plus de verdure que celle de quelques arbres parcimonieusement semés et péniblement venus.

Au milieu de quelques propriétaires aisés, se trouvent beaucoup plus de modestes fortunes : le paysan, sur ce sol qui est le sien, et à qui il s'attache, vit sobrement, simplement, sans envie, comme vivaient ses pères, et comme vivront ses petits-enfants.

Le Puy, imp. A. Prades-Freydier.

www.ingramcontent.com/pod-product-compliance
Lightning Source LLC
LaVergne TN
LVHW020248230826
846091LV00006B/2308

* 9 7 8 2 0 1 3 4 9 3 9 8 7 *